40 ROLEPLAYS PARA ENSEÑAR ESPAÑOL

por Isaac Bueso

AVISO LEGAL: Todos los derechos reservados. Queda rigurosamente prohibida, sin la autorización escrita del titular del copyright, la reproducción o distribución de esta obra por cualquier medio o procedimiento.

Copyright © 2015 por Isaac Bueso

Contenido

Introducción 5

Situaciones (más o menos) normales 10

    Entrevista de trabajo 11

    Reserva en un hotel 12

    Pedir en un restaurante 13

    Comprar un coche 14

    Visita a urgencias 15

    Preguntar por una dirección 16

    Describir a una persona 17

    Pedir comida a domicilio 18

    Llamar al servicio técnico 19

    Pérdida de documentos 20

    Revisar un examen 21

    Pedir silencio 22

    Empezar en un trabajo 23

    Multa de aparcamiento 24

    Reunión con los padres 25

    Captador de socios 26

    Accidente de tráfico 27

    Revisor de tren 28

    Pedir un préstamo 29

    Vender un producto 30

Situaciones no tan normales 31
El robo involuntario 32
La ropa desaparecida 33
El patinador (in)experto 34
La grúa inoportuna 35
El correo desafortunado 36
Las llaves olvidadas 37
Los niños insolentes 38
El perro escapado 39
El coche ilegal 40
El trabajador impuntual 41
El discurso sospechoso 42
La tribu caníbal 43
El despertar extraño 44
El inventor chiflado 45
La vidente interesada 46
Los vecinos enemistados 47
El astronauta encerrado 48
El avión accidentado 49
El espía descubierto 50
La invasión inventada 51

Introducción

Y esto del roleplaying… ¿Qué es?

El roleplaying consiste en simular una situación de la vida real.

Las personas que participan en un role play adoptan el papel de un personaje e intentan actuar como lo haría tal personaje en esa situación.

¿Por qué es útil para enseñar idiomas?

Aprender un idioma es un proceso que a menudo se percibe como una tarea difícil y aburrida. Y lo cierto es que muchas clases lo son.

El roleplaying nos permite incorporar diversión y motivación al aprendizaje. Es un ejercicio dinámico que rompe la monotonía que conllevan otro tipo de actividades didácticas. Mediante la recreación de situaciones reales, creamos un marco de ensayo para que los alumnos puedan lanzarse a hablar y practicar de forma segura antes de enfrentarse al mundo real. Permite cometer errores sin grandes consecuencias y la experiencia será de gran utilidad si alguna vez la persona se encuentra en esa situación de verdad.

Por otro lado, se ha demostrado que la asimilación de nuevos conocimientos aumenta considerablemente cuando se da una participación activa del alumno en comparación a una simple transmisión lineal del conocimiento.

Además, el roleplaying pone a los estudiantes en contacto con temas y áreas de vocabulario que no son tratados en una clase convencional.

¿Cómo utilizar este libro?

Este libro consta de 40 roleplays pensados para grupos de dos alumnos y se divide en dos grandes partes:

En la primera parte se presentan **situaciones cotidianas** en las qué todo el mundo puede encontrarse alguna vez. Se pretende así dar herramientas al alumno para poder desenvolverse satisfactoriamente en una situación similar en la vida real. En la segunda, las **escenas tienden más a la ficción**. De este modo, se crea un mayor grado de conflicto y se pone en práctica vocabulario menos conocido.

Cada actividad se compone a su vez de diferentes partes:

- El **vocabulario de interés** son aquellas palabras que alumno debería conocer antes de empezar, bien porque aparecen en la propia explicación de la actividad o porque guardan relación con el tema tratado. El profesor puede repasar el vocabulario con los alumnos antes de empezar y aclarar las posibles dudas.
- Los **roles** son los papeles que van a interpretar cada uno de los alumnos. Normalmente son diferentes aunque en ocasiones pueden coincidir.
- La **vuelta de tuerca** es un giro dramático a la situación que el profesor puede introducir si ve que el ritmo del roleplay está decayendo. Esto permite alargar la escena y sacar un mayor provecho a la actividad. Algunas veces se dice a los alumnos como actuar mientras otras simplemente se presenta un cambio en la situación y se permite que reaccionen como crean conveniente.

El modo recomendado de proceder es el siguiente:

1. Comentar el vocabulario de interés con los alumnos
2. **Explicar los roles** a cada alumno **por separado** para evitar que se conozca el objetivo del compañero

3. Dar un tiempo a los alumnos para asimilar su papel y pensar qué decir
4. Comenzar el role play
5. Usar el giro dramático si se considera conveniente
6. Concluir la escena cuando el profesor advierta que se ha agotado el tema de discusión

Los role plays de este libro están pensados para poder ser interpretados sin necesidad de actuar físicamente puesto que el centro de interés es la conversación en sí. Aun así, hacerlo ayuda a entrar en el papel y hace la clase más dinámica y divertida.

Si vamos a representar una entrevista de trabajo, por ejemplo, podemos intentar recrear el ambiente que se daría en la realidad: el candidato entra desde fuera de la habitación, cada persona tiene una etiqueta con su nombre, los alumnos se sientan cara a cara, etc. Cuanto más fiel a la realidad, más fácil será imaginarse el rol a interpretar y mayor fuerza tendrá el ejercicio.

El papel del profesor

El profesor conoce el rol de ambos alumnos y es el encargado de ofrecer la información y recursos necesarios para poder dar comienzo a la escena. Sin embargo, más allá de introducir el giro dramático la intervención del profesor durante el desarrollo de la actividad debería ser la mínima posible para no romper el ritmo. Idealmente debería ser inexistente.

De cara a corregir los errores que los alumnos vayan cometiendo durante la actividad, lo más aconsejable es anotarlos y comentarlos una vez finalizada en vez de detener la conversación. También puede ser de gran utilidad grabar la conversación y repasar el audio con los alumnos, dándoles la oportunidad de detectar y corregir sus propios errores.

A veces, puede resultar interesante que el profesor interprete uno de los roles. Por ejemplo, en clases individuales o cuando el número de estudiantes sea impar. También puede hacerlo para introducir el concepto de role-playing a alumnos que lo desconozcan. Si los alumnos no están seguros que como funciona la actividad o de qué deben hacer, pueden mostrarse dubitativos o inseguros de si lo están haciendo bien. En tal caso, el profesor puede interpretar uno de los roles para hacer una demostración.

Consideraciones previas

Si bien el role-playing puede resultar una herramienta tremendamente efectiva para practicar y lanzarse en el uso de un idioma, es necesario también ser consciente de sus posibles implicaciones negativas. Interpretar un papel o improvisar puede no resultar agradable para todo el mundo, especialmente para aquellas personas más vergonzosas o inseguras.

Antes de usar role plays en la clase, el profesor debe ser capaz de generar un clima de confianza. Los alumnos deben conocerse mínimamente para tener un relativo sentido de seguridad a la hora de lanzarse a interpretar. De no ser el caso, es aconsejable introducir este tipo de ejercicios gradualmente, siendo siempre conscientes de cómo son recibidos por la clase.

Hay que recordar que el objetivo del role-playing es aprender a la vez que divertirse. Si en algún momento advertimos que una persona se siente incómoda, deberíamos hablarlo con ella y tratar de encontrar una solución antes de proseguir.

Con esto dicho, ya estamos listos para empezar.

Preparados, listos… ¡acción!

Situaciones (más o menos) normales

Entrevista de trabajo

Vocabulario de interés: entrevista, recursos humanos, comercial, candidato, vacante, idónea

Alumno A: El entrevistador

Eres el encargado de recursos humanos de una importante empresa alimentaria y estás entrevistando candidatos para un puesto de comercial. Todas las personas entrevistadas hasta el momento no daban la talla. El último candidato entra por la puerta. Hazle preguntas para descubrir si es por fin la persona adecuada: ¿De qué ha trabajado antes? ¿Tiene experiencia como vendedor? ¿Conoce la empresa? ¿Cuánto quiere cobrar?

Alumno B: El candidato

Estás a punto de ser llamado para una entrevista de trabajo. Según el anuncio que leíste, hay una vacante como comercial. Tú no has trabajado nunca como vendedor, pero necesitas conseguir este trabajo sea como sea porque si no no vas a llegar a fin de mes. Trata de convencer al entrevistador de que eres la persona idónea para este puesto y de que puedes vender cualquier cosa que se te ponga por delante.

Vuelta de tuerca: El entrevistador le dice al candidato que, si es verdad que puede vender cualquier cosa, que intente venderle el bolígrafo que hay encima de la mesa.

Reserva en un hotel

Vocabulario de interés: alojamiento, reservar, adicionales, encarecer

Alumno A: El viajero

Tú y tu amiga llegáis mañana a Barcelona y aún no tenéis alojamiento. Decides llamar a un hotel para reservar una habitación doble. Sólo disponéis de 300€ para pasar cuatro días en la ciudad, así que no podéis gastaros mucho dinero en el hotel. Intenta convencer al recepcionista para que os haga un buen precio.

Alumno B: El recepcionista

Eres el recepcionista de un hotel de Barcelona. De repente, llama una persona preguntando por una habitación. Estos días no hay mucha gente en el hotel así que te interesa cerrar la reserva como sea. Sin embargo, no vas a darles la habitación a cualquier precio. Intenta cobrarla lo más cara posible. Puedes incluir en la oferta servicios adicionales como el almuerzo o una visita turística para encarecer el precio.

Vuelta de tuerca: Cuando los viajeros llegan al hotel, se dan cuenta de que les han robado la cartera y no tienen dinero para pagar la habitación.

Pedir en un restaurante

Vocabulario de interés: carta, impaciente, fogones, retraso

Alumno A: El cliente

Después de una larga mañana de trabajo por fin llegó la hora de comer. Entras en el primer restaurante que encuentras y pides la carta. ¡Tienen tu plato favorito! Se lo pides al camarero y esperas impaciente a que llegue. 30 minutos después aún sigues esperando. No entiendes cómo es posible si apenas hay gente en el restaurante. Harto de esperar, te levantas a pedir explicaciones al camarero. O te sirven ya el plato o te vas.

Alumno B: El camarero

Un cliente te acaba de pedir un plato. Vas a la cocina y se lo comunicas al cocinero. Al parecer hay un problema con los fogones y va a tardar un poco más de lo normal. Cuando finalmente el plato está listo y vas a llevarlo a la mesa, resbalas y se te cae al suelo. Vaya, ¡Hay que volver a hacerlo de nuevo! El cliente, enfadado por el retraso, viene a pedirte explicaciones. Convéncelo para que no se vaya.

Vuelta de tuerca: Cuando termina de comer el cliente decide irse sin pagar, enfadado por el retraso. Cuando el camarero se da cuenta le dice que si no paga va a tener que llamar a la policía.

Comprar un coche

Vocabulario de interés: eficiente, regatear, tozudos

Alumno A: El comprador

Tú y tu pareja estáis buscando un nuevo coche ahora que va a nacer vuestro hijo. Después de mucho mirar habéis encontrado el coche perfecto. Espacioso, bonito, eficiente, rápido… el único problema es el precio. Os piden mucho dinero y vosotros podéis gastaros como máximo 15.000€. Regatea con el vendedor para conseguir el coche lo más barato posible, no más caro que ese precio.

Alumno B: El vendedor

Eres un vendedor de coches. Hoy has enseñado uno de ellos a unos posibles compradores y parecen estar muy interesados. Ahora toca regatear el precio. Puedes bajar hasta 13.000€ si los compradores se ponen tozudos, pero cuánto más dinero consigas mejor. Empieza por 20.000€ y ve bajando poco a poco.

Vuelta de tuerca: Al final comprador y vendedor se ponen de acuerdo. Justo cuando el comprador acaba de pagar, oye a otro cliente decir que ha comprado el mismo coche 2.000€ euros más barato. El comprador exige el mismo precio al vendedor y este se niega.

Visita a urgencias

Vocabulario de interés: urgencias, fiebre, desmayar, atender, fingir

Alumno A: El enfermo

Desde hace un par de días que tienes dolor de cabeza. Hoy te ha empezado a coger fiebre y te ha subido tanto que has decidido ir a urgencias. Te encuentras realmente muy mal. No sabes exactamente qué te sucede, pero desde luego es grave. Cuando llegas hay una cola larguísima. Habla con la recepcionista para que te vea un médico lo más rápido posible o te vas a desmayar ahí mismo.

Alumno B: El recepcionista

Eres el recepcionista de la sala de urgencias de un hospital. Hoy hay mucha gente, pero nada que no hayas visto antes. Todo el mundo quiere que lo atiendan primero y tú ya estás un poco harto. De repente se te acerca una persona diciendo que está muy muy mal y que necesita ver un médico cuanto antes. Pregúntale por sus síntomas. Si te parecen suficientemente graves déjalo pasar. Si no, dile que se espere.

Vuelta de tuerca: De repente el enfermo se desmaya y el recepcionista llama un médico inmediatamente para que lo atienda. Sin embargo, ¡el enfermo estaba fingiendo! El recepcionista se da cuenta y le dice…

Preguntar por una dirección

Vocabulario de interés: típico, local, ayuntamiento, costera

Alumno A: El turista

Eres el típico turista. Pantalones cortos, cámara colgando, gafas de sol y mapa en las manos. Sólo que te has equivocado de mapa. ¡Es de otra ciudad! Vas a tener que preguntar a algún ciudadano local. Tienes que ir al ayuntamiento y a la estación de tren. Pregúntale como llegar a estos sitios e intenta acordarte de todo. Repítelo al final a ver si te acuerdas.

Alumno B: El ciudadano

Eres un habitante de una turística ciudad costera. Cada año cuando llega verano llegan miles de turistas visitar la ciudad. A ti no te gusta demasiado que haya tanta gente, no se puede ni pasear por la calle. De repente, uno de ellos se te acerca y te pregunta cómo llegar a una serie de sitios. Dale direcciones para llegar (verdaderas en la ciudad en que os encontréis) y pregúntale algunas cosas sobre su país.

Vuelta de tuerca: Al cabo de un rato, el turista y el ciudadano se vuelven a encontrar por la calle. El turista se ha caído y se ha hecho daño. Le pregunta al ciudadano como ir al hospital.

Describir a una persona

Vocabulario de interés: perdido, encontrar, rasgos físicos, aspecto

Alumno A: El niño perdido

Eres un niño de 10 años y has ido con tus padres y tus abuelos a visitar un museo. Hay mucha gente y, en un momento dado, te pierdes. No ves a tus familiares por ningún sitio, así que decides pedir ayuda a un guardia de seguridad. Te dice que no te preocupes, que te ayudará a buscarlos. Debes describir a tus padres para que sepa a quién buscar. Dale tanta información como puedas: la altura, la edad, la nacionalidad, los rasgos físicos, la ropa, etc.

Alumno B: El guardia de seguridad

Eres el guardia de seguridad de un museo. De repente se te acerca un niño diciendo que se ha perdido y que no encuentra a sus padres. Le ayudarás a buscarlos. Pregúntale que aspectos tiene sus padres para que sepas a quién debes buscar. Puedes preguntar por la altura, la edad, la nacionalidad, los rasgos físicos, la ropa, etc.

Vuelta de tuerca: Después de un rato de buscar siguen sin encontrar a los padres del niño. El guardia decide preguntar ahora por el aspecto de sus abuelos, a ver si hay más suerte.

Pedir comida a domicilio

Vocabulario de interés: a domicilio, repartidor, echar un vistazo, promoción, oferta

Alumno A: El cliente

Estás en tu casa con varios amigos viendo una película y pasando un buen rato. Se hace la hora de cenar y no tenéis nada preparado, así que decidís encargar unas pizzas. Llamas por teléfono a la pizzería. Debes encargar tres pizzas con diferentes ingredientes cada una. Escucha las promociones que te cuente el empleado y decide si te interesan. Pregunta también cuánto tardaran en llegar.

Alumno B: El empleado

Eres empleado de una pizzería. Te encargas de atender las llamadas y anotar los pedidos. De repente, llama un cliente. Escucha lo que quiere y dile si es posible hacerlo o no. Háblale también de las ofertas del día o de productos que tengáis en promoción. Intenta que compre cuantas más cosas mejor. Finalmente, infórmale del precio de todo lo que ha pedido.

Vuelta de tuerca: Cuando el repartidor llega a casa, el cliente mira las pizzas que ha traído. ¡No son las suyas! Se han equivocado. El cliente vuelve a llamar, explica lo sucedido y pide una solución.

Llamar al servicio técnico

Vocabulario de interés: servicio técnico, garantía, arreglar, archivos

Alumno A: El usuario

No hace ni una semana que compraste un ordenador nuevo. Comparado con el viejo funciona genial y estás encantado con él. Hace un momento lo estabas usando para hacer un trabajo cuando se ha apagado solo. Al volverlo a encender, no funciona nada. Los programas no se abren, no puedes escribir, se ve todo muy oscuro... Finalmente decides llamar al servicio técnico para que te arreglen el problema o vas a devolverlo puesto que aún está en garantía.

Alumno B: El técnico

Trabajas como técnico informático para una empresa de ordenadores. Tu tarea consiste en atender a los clientes por teléfono y tratar de resolver sus problemas. Llama un cliente. Escucha su problema e intenta ayudarlo. Pregúntale qué le pasa al ordenador, cómo ha sucedido, si le ha dado un golpe, si ha visitado páginas webs con virus, etc. Intenta solucionar su problema como sea.

Vuelta de tuerca: Después de seguir el consejo del técnico, el ordenador vuelve a funcionar correctamente, solo que... ¡se han borrado todos los archivos y trabajos! El usuario tiene que entregar el trabajo mañana así que hay que encontrar una solución.

Pérdida de documentos

Vocabulario de interés: documentos, pasaporte, carnet de identidad, duplicado

Alumno A: El viajero

Estás de viaje por un país extranjero. Todo va de maravilla hasta que un día pierdes la mochila. Apenas llevabas nada importante dentro excepto por tus documentos de identidad. Tenías dentro el pasaporte, el carnet de conducir, la tarjeta de crédito… ¡No puedes hacer nada sin ellos! Vas al consulado de tu país a pedir un duplicado. Explícale lo sucedido y contesta sus preguntas para obtener la nueva documentación.

Alumno B: El cónsul

Eres el cónsul de tu país en un país extranjero. Acaba de llegar a tu oficina y ciudadano de tu país diciendo que ha perdido la documentación y que necesita una nueva. Debes confirmar muy bien su identidad para ver si es realmente la persona que dice. Hazle todo tipo de preguntas: Cómo se llama él, cómo se llaman sus padres, donde vive, donde trabaja, etc. Si es un impostor debes pillarle, así que pregúntale de todo.

Vuelta de tuerca: Cuando el cónsul ya ha terminado la ronda de preguntas, recibe una llamada de su país. La persona que ese turista dice ser lleva muerta más de cinco años.

Revisar un examen

Vocabulario de interés: aprobado, suspenso, corregido, pupitre, empollón, chuleta

Alumno A: El alumno

La semana pasada hiciste un examen de matemáticas que te fue genial. No sueles sacar buenas notas, pero esta vez estudiaste mucho y dio resultado. Sin embargo, cuando el profesor te enseña el examen corregido… ¡Estás suspendido! ¿Cómo puede ser? Si te lo sabías todo. Decides ir a su despacho a hablar con él. Pregúntale por qué te ha suspendido y consigue que, como mínimo, te apruebe.

Alumno B: El profesor

Eres el profesor de un instituto. El otro día uno de tus alumnos que siempre saca mala nota hizo un examen impecable. Revisando otros exámenes has visto que sus respuestas se parecen mucho a las de su compañero de pupitre, el empollón de la clase. Seguro que se las ha copiado, así que decides suspenderle. De repente, el alumno se presenta en tu despacho preguntado por qué le has suspendido. Explícaselo y escucha su versión. Si lo crees conveniente, apruébalo.

Vuelta de tuerca: Cuando el alumno se levanta para irse, se le cae al suelo un papel. El profesor lo coge y… ¡es una chuleta!

Pedir silencio

Vocabulario de interés: en voz alta, concentrarse, molestar, bibliotecario

Alumno A: El estudiante

Mañana tienes un examen muy importante y has decidido ir a la biblioteca a estudiar. Al cabo de un rato, se sienta en la mesa de al lado un grupo de adolescentes que hablan en voz alta y hacen ruido. Así no te puedes concentrar y les dices que se callen. Están en silencio un tiempo, pero a los pocos minutos ya vuelven a molestar. Al final no puedes más y decides comentárselo al bibliotecario para que haga algo. Explícale la situación y consigue que los haga callar.

Alumno B: El bibliotecario

Eres el bibliotecario de una biblioteca municipal. Se te acerca una persona diciendo que hay un grupo de jóvenes hablando en voz alta y que hagas algo al respecto. Si tuvieras que hacer callar a todo el mundo no acabarías nunca. Dile que no puedes hacer nada. Si insiste mucho, amenázalo con echarlo a él por interrumpir tu trabajo.

Vuelta de tuerca: El estudiante, resignado, vuelve a su sitio. De camino ve a un amigo también estudiando y empieza a hablar con él. El bibliotecario se acerca y le pide que no haga ruido o tendrá que echarlo a la calle.

Empezar en un trabajo

Vocabulario de interés: tareas, aprendiz, reponer, turno

Alumno A: El nuevo

Hoy es tu primer día de trabajo en un supermercado. Nunca antes has trabajado en un sitio así, de modo que no sabes qué debes hacer exactamente. El encargado va a explicarte cuáles serán tus tareas. A medida que vaya explicándote tus funciones, hazle preguntas todo tipo de preguntas. Tiene que quedarte todo muy claro porque no quieres equivocarte en tu primer día.

Alumno B: El encargado

Eres el encargado de un supermercado. Entre otras cosas, te encargas de enseñar a los nuevos trabajadores lo que tienen que hacer. Hoy tienes un nuevo aprendiz. Explícale como funciona todo: reponer productos, atender las cajas, descargar camiones, tirar la basura, cuáles son los horarios, etc. Todo lo que se te ocurra. Responde a todas sus preguntas.

Vuelta de tuerca: El encargado comunica al nuevo empleado que tendrá turnos de tarde. Según el empleado, le dijeron que sólo era por la mañana y se niega a venir por la tarde. Encargado y empleado deben llegar a un acuerdo.

Multa de aparcamiento

Vocabulario de interés: multa, urgencia, retirar, patrullar

Alumno A: El conductor

Tu bebé ha cogido mucha fiebre y has ido a la farmacia a comprar un medicamento. Cuando vuelves al coche, un policía te está poniendo una multa por aparcar mal. Sí, has aparcado mal, pero sólo ha sido un minuto y esto es una urgencia. Explícale la situación al policía y pídele por favor que te retire la multa. Recuerda que tienes prisa.

Alumno B: El policía

Vas patrullando la ciudad cuando ves un coche mal aparcado. Hoy ya es el sexto que encuentras. Paras para ponerle la multa cuando aparece el conductor del vehículo. Intentará convencerte para que no se la pongas. Escúchale y decide qué hacer.

Vuelta de tuerca: El policía entra luego a la farmacia y pregunta qué ha comprado el conductor. Le responden que acaban de abrir y que él es la primera persona que entra.

Reunión con los padres

Vocabulario de interés: multa, urgencia, retirar, patrullar

Alumno A: El profesor

Tienes un alumno en tu clase que es el demonio en persona. No trabaja, habla todo el rato, molesta a los demás compañeros, se pelea… un desastre. La situación ha llegado a un punto límite y has decidido hablar con sus padres. Cuéntales el comportamiento de su hijo en clase y diles que si no mejora vas a tener que expulsarlo del colegio.

Alumno B: El padre / La madre

El profesor de tu hijo te ha convocado a una reunión. Según te conto por teléfono, parece ser que no se comporta bien. Pero eso es imposible. En casa, tu hijo es un niño ejemplar. Ayuda en las tareas de casa, es muy educado, hace siempre los deberes. ¿No será que el profesor le tiene manía? En todo caso, será que el profesor no sabe cómo tratar a los niños. Escucha lo que tenga que decir y dile qué piensas tú.

Vuelta de tuerca: El profesor revisa su libreta y se da cuenta de que… ¡ha llamado a los padres equivocados!

Captador de socios

Vocabulario de interés: captador, transeúnte, donación, refugiado, salir pitando

Alumno A: El captador

Trabajas como captador de socios en la calle para una ONG. Tu objetivo es convencer a la gente de que haga una donación mensual de 12€ para ayudar a los niños pobres del tercer mundo. Consigues que una persona se pare a escucharte. Explícale la situación en que se encuentran esos niños, porqué debería ayudar a mejorar sus vidas, como invierte la ONG el dinero que recibe y lo que creas conveniente para que esa persona se haga socia.

Alumno B: El transeúnte

Esta mañana te has dormido y llegas tarde al trabajo. Sales pitando de casa. Mientas andas por la calle, ves un grupo de personas que va parando a la gente. Intentas esquivarlos, pero no puedes y uno de ellos te empieza a hablar. Te va a contar un rollo sobre algo de una ONG y de donar dinero. Siempre piden dinero. Escucha lo que te diga, pero intenta deshacerte de él tan rápido como sea posible.

Vuelta de tuerca: Al final, el transeúnte le dice al captador que tiene que irse porque no tiene tiempo. A los cinco minutos, el captador se lo encuentra sentado en la terraza de un bar haciendo un café.

Accidente de tráfico

Vocabulario de interés: ceda el paso, parte de accidente, mediar, salir malparado, abollar

Alumno A: El motorista

Ibas conduciendo tu moto por la ciudad cuando, en un momento dado, un coche se ha saltado un ceda el paso, te ha golpeado y te has caído al suelo. Por suerte no te has hecho daño, pero se han roto varias piezas de la moto. Ahora debes hablar con el conductor del coche para hacer el parte del accidente. Si no os ponéis de acuerdo, tendréis que llamar a la policía para que venga a mediar.

Alumno B: El conductor

Ibas conduciendo tu coche por la ciudad cuando, en un momento dado, una moto que iba bastante rápido ha chocado contra tu coche. No te has hecho daño, pero el coche ha salido malparado. Tiene todo el costado abollado. Ahora debes hablar con el motorista para hacer el parte del accidente. Intentad reconstruir los hechos. Si no os ponéis de acuerdo, tendrás que llamar a la policía para que venga a mediar.

Vuelta de tuerca: Viendo que los dos echan la culpa al otro deciden llamar a la policía. Después de examinar los vehículos, la policía da la razón al motorista. El conductor del coche negocia dar una cantidad de dinero al motorista a cambio de no ir a juicio.

Revisor de tren

Vocabulario de interés: revisor, efectivo, todo el mundo

Alumno A: El hombre de negocios

Hoy tienes una importante reunión de negocios en una gran ciudad y has cogido un tren para llegar hasta allí. Ibas con prisas y no has comprado el billete, pero no hay problema: ya se lo comprarás al revisor. Cuando este llega, abres tu cartera y… ¡No llevas dinero en efectivo! El revisor te dice que si no puedes pagar el billete tendrás que bajar en la próxima estación. Si no llegas a tiempo a la reunión te van a despedir. Convéncele como sea para que te deje quedar.

Alumno B: El revisor

Eres el revisor de un tren. Tu trabajo es comprobar que todo el mundo haya comprado el billete. Las personas que han subido sin billete te lo tienen que comprar a ti. De repente, encuentras un viajero que dice no tener dinero. La solución es muy sencilla: O tiene una excusa de peso o va a tener que bajar en la próxima estación. Decide qué vas a hacer.

Vuelta de tuerca: Un pasajero del tren, oyendo la conversación, se ofrece a pagar el billete del hombre de negocios. El revisor, sin embargo, se niega. Dice que o paga él mismo o se baja.

Pedir un préstamo

Vocabulario de interés: préstamo, tener en mente, forrarse

Alumno A: El cliente

Tienes en mente un producto revolucionario con el que te vas a forrar. Sólo hay un problema. No tienes suficiente dinero para empezar a producirlo. Decides ir al banco a pedir un préstamo. Explícale al banquero tu idea y convéncelo de que es el negocio del futuro y de que los beneficios están garantizados. Consigue que te dé el préstamo sea como sea.

Alumno B: El banquero

Eres en director de un banco. Entre otras de tus tareas se encuentra la de conceder o no préstamos a los clientes que los solicitan. Hoy tienes una visita de alguien que dice tener la idea para un producto genial y que necesita dinero para ponerla en marcha. Tienes que estar muy convencido de que va a funcionar para darle el préstamo. Si no es así, agradécele su interés y invítalo a marcharse.

Vuelta de tuerca: Finalmente, el banquero concede el préstamo. Al cabo de dos días, el cliente vuelve al banco. Ya se ha gastado todo el dinero y necesita otro préstamo

Vender un producto

Vocabulario de interés: quintuplicar, beneficios, proporcionar, suministros, contrato, soborno

Alumno A: El comercial

Eres el comercial de una empresa que vende material de oficina. Hoy tienes una visita de negocios con una gran multinacional. Si consigues que esta empresa os compre el material de oficina a vosotros, va a ser la venta del año. Vais a quintuplicar los beneficios. Háblale de como de bueno es vuestro material, de qué tipo de cosas les podéis proporcionar y finalmente cierra la venta.

Alumno B: El posible comprador

Eres el encargado de contratar los suministros de una gran multinacional. Hoy tienes la visita del comercial de una empresa que vende material de oficina. Estas interesado sus productos, pero quieres conseguirlos al precio más barato posible. Dile que tienes otros vendedores que te ofrecen lo mismo más barato y otros argumentos similares para conseguir que te rebaje el precio.

Vuelta de tuerca: El comprador propone un trato al comercial. Estaría dispuesto a firmar un contrato de compra a cambio de que… el comercial de pague un soborno de 50.000€.

Situaciones no tan normales

El robo involuntario

Vocabulario de interés: echar un vistazo, modelo, detector antirrobos, convincente

Alumno A: El cliente

Tu teléfono móvil se rompió hace un par de días y has decidido comprar uno nuevo. Entras en la tienda y echas un vistazo a todos los teléfonos expuestos. Por desgracia, no tienen el modelo que estás buscando así que decides irte sin comprar nada. Al salir por la puerta salta el detector antirrobos. El guardia de seguridad te pide que abras la mochila y aparece un móvil nuevo, aún en la caja. No tienes ni idea de cómo ha llegado allí, pero debes convencer al guardia de que tú no lo has robado.

Alumno B: El guarda de seguridad

Eres un guardia de seguridad de una tienda de teléfonos móviles. No te pagan mal pero es un trabajo un poco aburrido. A veces te gustaría un poco de acción. De repente suena la alarma antirrobos cuando una persona sale de la tienda. Le pides que abra la mochila y… ¡Bingo! Lleva un teléfono móvil nuevo como los de la tienda. Si no te da una explicación convincente, vas a tener que llamar a la policía.

Vuelta de tuerca: En un momento dado, el cliente se agacha y de su chaqueta caen dos móviles más.

La ropa desaparecida

Vocabulario de interés: taquilla, transcurrir con normalidad, asomarse, mostrador

Alumno A: El nadador

Como cada martes al mediodía has ido a la piscina. Al llegar al vestuario te das cuenta de que no llevas cambio para la taquilla y decides dejar tu ropa dentro con la puerta sin cerrar, creyendo que nadie lo va a ver. Sin embargo, al volver de la piscina... ¡Tu ropa no está! ¿Cómo vas a irte a casa? Tu cartera, tus llaves y tu móvil estaban dentro. Aún en bañador, bajas a recepción a pedir ayuda.

Alumno B: El recepcionista

Eres el recepcionista de una piscina. Todo transcurre con normalidad hasta que una persona en bañador baja corriendo. Le han robado la ropa. Buscas si hay algo que se pueda poner en el almacén, pero no encuentras nada. Trata de encontrar una solución.

Vuelta de tuerca: El nadador se asoma un poco por el mostrador de recepción y ve detrás de él algo familiar... ¡es su ropa! Sin embargo, su cartera y su móvil no están. Le pide explicaciones al recepcionista.

El patinador (in)experto

Vocabulario de interés: impresionar, proponer, espantoso, coraje, predispuesto, monumental

Alumno A: El chico

La chica que te gusta hace patinaje sobre hielo. Para impresionarla, le has dicho que tú eres un patinador experto. La realidad, sin embargo, es que no te has puesto unos patines en tu vida. Hoy al salir de clase se te ha acercado y te ha propuesto ir a patinar con ella. Si accedes vas a hacer un ridículo espantoso, así que debes inventarte todo tipo de excusas para no ir sin que parezca que no quieres ir.

Alumno B: La chica

Practicas patinaje sobre hielo bastante a menudo y hay un chico en tu clase que dice ser muy bueno. Lo cierto es que es muy guapo y simpático y tienes muchas ganas de ir a patinar con él. Hoy has reunido el coraje suficiente para proponérselo. No parece muy predispuesto, pero tienes que conseguir que venga sea como sea.

Vuelta de tuerca: Al final, ante el miedo de que la chica deje de interesarse por él, el chico accede. El ridículo que hace es monumental. El chico intenta justificarse.

La grúa inoportuna

Vocabulario de interés: grúa, aparcamiento, satisfacción, depósito, malentendido, municipal, destrozado

Alumno A: El conductor

Has cogido el coche para ir al centro a hacer unas compras. Suele ser difícil encontrar aparcamiento, pero hoy has podido aparcar justo enfrente de la tienda. Menuda satisfacción. Sin embargo, cuando vuelves a por el coche… ¡No está! Se lo ha llevado la grúa, pero tú estás seguro de haber aparcado correctamente. Cuando llegas al depósito, debes explicarle el malentendido al encargado y hacer que te deje marchar sin pagar.

Alumno B: El encargado

Eres el encargado del depósito municipal de coches. Cada día llega gente enfadada porqué se les ha llevado el coche la grúa y hoy no es una excepción. ¿Qué culpa tienes tú de que aparquen en zonas prohibidas? Un cliente quiere llevarse su coche sin pagar porqué dice que había aparcado bien. Explícale que todo el mundo dice lo mismo y que debe pagar sí o sí.

Vuelta de tuerca: Cuando el conductor va a retirar su vehículo… ¡está destrozado! La grúa le ha dado varios golpes mientras lo traía al depósito.

El correo desafortunado

Vocabulario de interés: desafortunado, convincente, suspender, confesar

Alumno A: El estudiante

Ayer hiciste un examen de matemáticas. Tus amigos de la otra clase van a hacer el mismo examen mañana, así que cuando la profesora no miraba copiaste las preguntas para pasárselas. Las escribes en un email y las envías a tus amigos. Al día siguiente la profesora te llama a su despacho. ¡Te equivocaste al enviar las preguntas y se las mandaste a ella! Invéntate alguna excusa convincente o te suspenderá.

Alumno B: La profesora

Ayer hiciste un examen de matemáticas a tus alumnos. Mañana la otra clase tiene que hacer el mismo examen, así que vas a usar las mismas preguntas. De repente te llega un correo de un alumno que dice "Aquí tenéis las preguntas del examen de mañana". Al día siguiente llamas al alumno a tu despacho. Pídele explicaciones. Si no suena convincente, tendrás que suspenderlo.

Vuelta de tuerca: De repente entra un alumno de la otra clase en el despacho y le confiesa a la profesora que sabía las preguntas del examen precisamente porque se las dijo el estudiante.

Las llaves olvidadas

Vocabulario de interés: empaquetar, ponerse en marcha, trayecto, merecer la pena, echar las culpas

Alumno A y Alumno B: Los amigos

Tú y tu amigo os vais hoy de vacaciones a una casa en la montaña. Empaquetáis todo en el coche y os ponéis en marcha. El trayecto es largo, pero merecerá la pena. Después de más de 7 horas de viaje, por fin llegáis a la casa. Aaaah, aire del campo, qué placer. Cuando vais a abrir la casa no encontráis las llaves. Recuerdas perfectamente haberle dicho a tu amigo que las cogiera él. Él dice lo contrario. Trata de echarle las culpas al otro como sea. Además, intentad encontrar una solución al problema

Vuelta de tuerca: Al final, deciden volver a por las llaves. Cuando llegan, aparecen las llaves de la casa de la montaña... ¡Han estado en el bolsillo del amigo #1 todo el rato!

Los niños insolentes

Vocabulario de interés: insolentes, vecindario, traviesos, mala costumbre, lección, empapada, ilusión, cubo, denunciar, manguera

Alumno A: El vecino

En tu vecindario hay un grupo de niños traviesos que tienen la mala costumbre de tocar el timbre de tu casa e irse corriendo. Al final te hartas de la broma y decides darles una lección. Cuando toquen el timbre les echaras un cubo de agua encima. Oyes sus gritos y de repente suena el timbre. Abres la ventana y les tiras toda el agua. Así aprenderán. El timbre suena de nuevo. Qué raro. Vas a abrir la puerta y aparece tu vecina de 80 años… ¡totalmente empapada! Discúlpate y trata de justificarte.

Alumno B: La anciana

Eres una adorable anciana de 80 años. Hoy es tu aniversario y has decidido preparar un delicioso pastel para llevárselo a tus vecinos. Seguro que les hará ilusión. Llegas a la casa del primer vecino, tocas el timbre y… ¡Te cae un cubo de agua encima! Pero cómo es posible… ¡hacerle esto a una anciana cómo tú! Más vale que haya una buena explicación para esto o vas a denunciarlo.

Vuelta de tuerca: Al día siguiente, mientras la anciana está regando su jardín, el vecino pasa por delante. La anciana apunta la manguera hacia él y moja de arriba a abajo.

El perro escapado

Vocabulario de interés: escapado, apetecer, deber un favor, enterarse, encantador

Alumno A: El amigo 1

Tu mejor amigo se ha ido de viaje y te ha pedido que vigiles a su perro. No te apetecía mucho, pero has accedido porque le debías un favor. Lo has sacado a pasear cada día y hoy por fin vuelve tu amigo a recogerlo. Sin embargo, cuando vas a buscar al perro no aparece por ningún sitio... ¿Se habrá escapado? Tu amigo no puede enterarse de ningún modo. Invéntate alguna excusa para que tu amigo se vaya y tengas más tiempo para buscar el perro.

Alumno B: El amigo 2

Te has ido de vacaciones y has dejado a tu perro con tu mejor amigo. Es un perro encantador y lo quieres mucho, pero estás tranquilo porque seguro de que tu amigo lo cuidará bien. Cuando regresas del viaje vuelves a su casa para recogerlo. Por algún motivo, parece que tu amigo no quiere que lo veas. Tú quieres llevarte el perro hoy mismo así que insistes para que te lo de.

Vuelta de tuerca: Al cabo de un rato, el amigo #2 entra en casa del amigo #1 y encuentra el perro. ¡Está muerto!

El coche ilegal

Vocabulario de interés: ilegal, flamante, matrícula, ladrón, devolver, requisar, malentendido, comisaría, sobornar

Alumno A: El comprador

Un amigo tuyo te ha contado que ha conseguido un coche nuevo y que, si lo quieres, te lo vende barato. No te ha dicho de dónde lo ha sacado, pero tú necesitabas uno y lo has comprado sin preguntar. Un par de días después, mientras conduces tu flamante coche nuevo, te para la policía. La matrícula de tu coche corresponde con la de un coche robado. No sólo te van a quitar el coche, sino que además te acusan de ser un ladrón. Explícale la situación al policía y trata de que te devuelvan tu coche.

Alumno B: El policía

Vas patrullando la ciudad como cada día. De repente, ves al otro lado de la calle un coche que se parece mucho a uno que robaron hace unos días. Compruebas la matrícula y efectivamente, es ese. El conductor debe ser el ladrón. Detienes al conductor y le requisas el coche. Según él es un malentendido. Escucha lo que tiene que decir y decide si lo dejas libre o te lo llevas a la comisaría.

Vuelta de tuerca: El comprador intenta sobornar al policía para que lo deje marchar.

El trabajador impuntual

Vocabulario de interés: impuntual, despedir, despertador, empleado, advertir, echar a la calle

Alumno A: El trabajador

Trabajas en un supermercado. Ayer te dormiste y llegaste tarde a trabajar. Tu jefe se dio cuenta y te dijo que si volvía a suceder te iba a despedir. Para que no pase de nuevo, hoy te has puesto tres despertadores. Te levantas a la hora correcta, pero... ¡no encuentras tu ropa de trabajo! La dejaste en casa de tus padres. Vas a buscarla corriendo y te diriges al trabajo. Tu jefe te está esperando: Has llegado media hora tarde. Necesitas este trabajo para seguir estudiando... Convéncele como sea para que no te despida.

Alumno B: El jefe

Eres el máximo encargado de un supermercado. Ayer uno de tus empleados llegó tarde a trabajar y le advertiste que si volvía a suceder lo ibas a despedir. Sin embargo, hoy a la hora de empezar aún no ha llegado. Esperas diez minutos. Nada. Veinte. Nada. A la media hora, aparece corriendo. O te da una buena excusa por haber llegado tarde o vas a tener que echarlo a la calle.

Vuelta de tuerca: Al día siguiente, el trabajador ve un accidente yendo al trabajo y se queda a ayudar. No es grave, pero vuelve a llegar tarde

El discurso sospechoso

Vocabulario de interés: chiflado, rayo láser, invento, convertir, alto cargo, en un santiamén, cundir el pánico

Alumno A: El presidente

Eres el presidente de un importante país. Hoy ha sucedido algo terrible. Una central nuclear ha sufrido una explosión. Lo peor es que no sabéis como ha pasado y puede volver a suceder en cualquier momento. Ahora mismo compareces en rueda de prensa. Explica la situación como si todo estuviera bajo control y responde las preguntas de los periodistas. Si tienes que mentir para que no cunda el pánico, hazlo. La seguridad nacional es lo primero.

Alumno B: El periodista

En unos momentos va a comparecer el presidente del país. Han reunido a toda la prensa. No sabes muy bien de qué va la cosa, pero parece algo gordo. Algo de un incidente en una central nuclear. El presidente empieza a explicar su versión de los hechos, pero tú te hueles que no está explicando toda la verdad. Hazle preguntas para intentar sacar a la luz lo que no quiere contar.

Vuelta de tuerca: Mientras el presidente habla, se oye un ruido tremendo y empieza a temblar el suelo. ¡Ha habido otra explosión!

La tribu caníbal

Vocabulario de interés: caníbal, explorador, investigación, hambriento, rescatar, indígena, amabilidad, paliducho, manjar, chamán

Alumno A: El explorador

Eres un importante biólogo que está realizando una investigación en la jungla amazónica. En un momento dado, te separas del grupo y te pierdes. Caminas durante días sin encontrar a nadie. Estás débil y hambriento. O te rescatan pronto o vas a morir allí mismo. De repente, oyes voces. Son indígenas de una tribu local. Estaría genial si no fuera por el detalle de que... ¡son una tribu caníbal! Con gran amabilidad te comunican que vas a ser su cena. Convéncelos como sea para que no te coman.

Alumno B: El indígena

Eres el jefe de una tribu de la jungla amazónica, la tribu *Uachiuchi*. Sois una tribu caníbal. Normalmente coméis indígenas de otras tribus, pero hoy hay un plato especial. Ha llegado a vuestra aldea un explorador paliducho. Es un manjar enviado por los dioses, sin duda. El explorador intentará convencerte para que no os lo comáis. Escucha lo que tiene que decir y decide si es motivo suficiente para quedarte sin cena.

Vuelta de tuerca: De repente llega el chamán de la tribu. Dice que una vez se comió un hombre paliducho como ese y que estaba riquísimo. El jefe de la tribu se muere de ganas de cocinarlo.

El despertar extraño

Vocabulario de interés: bromista, reposar, ocasión, coma, realidad, por todo lo alto, más de la cuenta, alrededor, supuesta

Alumno A: El bromista

Ayer tú y tus amigos salisteis de fiesta. Uno de ellos bebió demasiado y acabó en el hospital. Nada grave, solo necesita reposar. Decides aprovechar la ocasión para gastarle una broma. Cuando despierte, vas a hacerle creer que ha estado en coma durante años y que el mundo ha cambiado completamente. Usa la imaginación para inventarte una nueva realidad, cuanto más diferente mejor.

Alumno B: El paciente

Hace tiempo que no sales de fiesta con tus amigos y hoy por fin puedes hacerlo. Decides celebrarlo por todo lo alto y bebes un poco más de la cuenta. De repente… ¡Despiertas en la cama de un hospital! ¿Qué ha pasado? ¿Era todo un sueño? Miras a tu alrededor. Un amigo tuyo está a tu lado. Pregúntale qué ha sucedido.

Vuelta de tuerca: Al final, el paciente se da cuenta que le están gastando una broma, pero decide seguir el rollo. Empieza a hacer preguntas sobre esta supuesta nueva realidad a ver si pilla al amigo.

El inventor chiflado

Vocabulario de interés: chiflado, rayo láser, invento, convertir, alto cargo, en un santiamén

Alumno A: El inventor

Eres un inventor de gran reputación. Tu último invento es increíble. Has creado un rayo láser que convierte las vacas en hamburguesas en un instante. Decides intentar venderlo a una gran cadena de comida rápida. Explícales los grandes beneficios de usar tu invento, cómo funciona exactamente y qué peligros puede tener. Finalmente negocia el precio y, si no quieren comprar, amenázales con convertirlos en hamburguesas.

Alumno B: El ejecutivo

Eres un alto cargo de una gran empresa de comida rápida. Hoy ha venido a verte un inventor que dice haber inventado un rayo láser que convierte las vacas en hamburguesas en un santiamén. De ser cierto, os convertiría en líderes mundiales del sector. Debes comprarlo como sea. Hazle preguntas para saber cómo funciona el invento y negocia un poco el precio.

Vuelta de tuerca: Una vez realizada la venta, el prototipo que el inventor ha traído a la entrevista se dispara solo y convierte a un ayudante en hamburguesas. ¡Menudo desastre! El ejecutivo quiere recuperar su dinero y el inventor intenta convencerlo de que puede arreglarlo.

La vidente interesada

Vocabulario de interés: vidente, bruja, herencia, posesiones, adivinar, hipoteca

Alumno A: La vidente

Eres la típica vidente: pañuelo en la cabeza, nariz de bruja y bola de cristal. Recibes a un cliente en tu consulta. Es una persona mayor que, al parecer, tiene mucho dinero. Tiene que escribir su testamento y quiere que le cuentes el futuro para saber a cuál de sus hijos debe dejar la herencia. Sin embargo, tú tienes un plan mejor. Convéncela para que te deje a ti la herencia. Puedes inventarte todo tipo de historias sobre el futuro para justificarlo.

Alumno B: El adinerado

Eres un buen anciano que, viendo llegar el final de su vida, ha decidido dejar hecho el testamento para cuando llegue el momento. La verdad es que tienes bastantes posesiones y no estás seguro de a cuál de tus hijos quieres dejar la herencia. Has ido a ver a una vidente para que te cuente el futuro y puedas ver quién sacará un buen provecho de ella y quién la malgastará. Pregúntale sobre tus hijos y déjate aconsejar por la vidente.

Vuelta de tuerca: Al final de la visita, el anciano confiesa que pese a tener muchas propiedades, todas tienen grandes hipotecas que aún hay que pagar.

Los vecinos enemistados

Vocabulario de interés: no poder ver a alguien, tenazas, irse la luz, tocapelotas, generador, al tope, cable

Alumno A: El vecino #1

Tú y tu vecino no os podéis ni ver. Siempre pone la música muy alta por las noches y despierta a tu bebé. Hoy ha vuelto a suceder y ya has tenido suficiente. Has cogido unas tenazas y has cortado el cable de electricidad que llega a su casa. Se ha quedado a oscuras y sin música. ¡Qué paz! Cuando ve lo que has hecho, el vecino viene corriendo a tu casa a quejarse. Explícale que no puedes más y que se lo tiene merecido.

Alumno B: El vecino #2

Por fin has acabado exámenes y has decidido celebrar una fiesta en tu casa. Han venido todos tus amigos y la fiesta está siendo un éxito. De repente, se va la luz. No sabes cómo ha podido suceder. Vas a mirar a fuera y ves que el cable de electricidad está cortado. Seguro que ha sido tu vecino, es un tocapelotas. Ve a quejarte, dile que lo arregle y si se niega amenázale con cortarle su cable.

Vuelta de tuerca: Uno de los amigos de la fiesta trae un generador y vuelve a poner la música al tope. El vecino #1 amenaza con llamar a la policía.

El astronauta encerrado

Vocabulario de interés: astronauta, aterrizar, substancia tóxica, atmósfera, contaminar, bloqueada, traje espacial

Alumno A: El astronauta #1

Eres un astronauta y formas parte de una expedición enviada a un planeta lejano. Vuestro cohete justo acaba de aterrizar y tu compañero ha salido a la superficie mientras tú te quedas en la nave. De repente, recibes un mensaje de la Tierra. Parece ser que hay una substancia tóxica en la atmósfera de ese planeta. Si tu compañero vuelve a entrar contaminará toda la nave y moriréis. Decides bloquear la puerta. Explícale la situación a tu compañero por radio.

Alumno B: El astronauta #2

Eres un astronauta en misión especial a un planeta lejano. Justo acabáis de aterrizar al planeta y has bajado a inspeccionar la superficie. Cuando vuelves a la nave la puerta no se abre. ¡Está bloqueada desde dentro! Habla por radio con tus compañeros en el interior de la nave para que te abran. Se te está acabando el oxígeno así que debes darte prisa.

Vuelta de tuerca: Vuelven a llamar desde la Tierra. Lo de la substancia tóxica ha sido un error, así que el astronauta #2 entra sin problemas. Sin embargo, parece ser que hay demasiado peso en la nave como para poder despegar y volver. Uno de los dos astronautas debe quedarse allí.

El avión accidentado

Vocabulario de interés: accidente, sobrevivir, estrellarse, civilización, baliza

Alumno A: El superviviente #1

Ibas en un avión que se ha estrellado en medio de la jungla. Tú y algunos más habéis podido sobrevivir. Ahora os enfrentáis a una difícil decisión. Quedaros allí hasta que os rescaten o empezar a andar en busca de civilización. Tú defiendes la primera opción: En el avión hay reservas de comida y agua, tenéis refugio si hace mal tiempo y probablemente haya una baliza de localización para que os encuentren los rescatadores. Convence a la gente de que esa es la mejor opción.

Alumno B: El superviviente #2

Ibas en un avión que se ha estrellado en medio de la jungla. Tú y algunos más habéis podido sobrevivir. Ahora os enfrentáis a una difícil decisión. Quedaros allí hasta que os rescaten o empezar a andar en busca de civilización. Tú defiendes la segunda opción: No sabéis cuando os van a rescatar si es que eso sucede, pronto acabareis las reservas de comida y agua y en la jungla hay peligrosos depredadores. Lo mejor es abandonar el avión en busca de ayuda.

Vuelta de tuerca: Al final, se decide por mayoría entre los supervivientes abandonar el avión. Después de días de andar y andar sin llegar a ninguna parte, empieza a parecer obvio que os habéis equivocado. Decidid si seguir adelante o volver al avión.

El espía descubierto

Vocabulario de interés: espía, infiltrado, gobierno, enemigo, encomendar, alto secreto, sigilosamente, topo, desenmascarar

Alumno A: El espía

Eres un espía infiltrado en el gobierno del país enemigo. Los superiores de tu país te han encomendado una misión importantísima: Robar unos documentos de alto secreto. Estos se encuentran en el despacho del presidente. Cuando se hace de noche, entras sigilosamente en la habitación, enciendes la luz y… ¡El presidente está allí! Invéntate alguna excusa para que no descubra que eres un espía.

Alumno B: El presidente

Eres el presidente de un país. Recientemente han desaparecido documentos de alto secreto y crees que hay un topo en tu gobierno. Te ha llegado información de que esta noche se va a producir un robo en tu despacho, así que decides esperar en él con la luz apagada. De repente, entra alguien y enciende la luz. Es un miembro de tu gobierno. ¡Seguro que él es el espía! Pídele explicaciones y hazle preguntas para desenmascararlo.

Vuelta de tuerca: El presidente le propone un trato al espía. No va a encerrarlo en prisión a cambio de que trabaje para él y no vuelva nunca más a su país.

La invasión inventada

Vocabulario de interés: invasión, locutor, cadena, retransmisión, oyentes

Alumno A y B: Los locutores

Sois los locutores de una radio local. Para celebrar el 25 aniversario de la cadena habéis decidido gastar una broma a vuestros oyentes. A media retransmisión de un partido de futbol vais a simular que una nave extraterrestre aterriza en el centro del campo, de donde salen extraterrestres que atacan a jugadores y espectadores. Recordad, tiene que sonar real, como si estuviese sucediendo de verdad.

Vuelta de tuerca: La retransmisión crea el pánico en la ciudad, que se ha creído que iba de verdad. Los locutores tratan de aclarar que todo era una broma y piden disculpas.

¡Gracias por comprar este libro!

Espero de todo corazón que haya hecho tu labor docente un poco más agradable y divertida.

Printed in Great Britain
by Amazon